JN410697

강물의 언어

시산맥 서정시선 034

강물의 언어

시산맥 서정시선 034

초판 1쇄 발행 | 2017년 9월 11일

지 은 이 | 박원의
펴 낸 이 | 문정영
펴 낸 곳 | 시산맥사
편집주간 | 김광기
편집위원 | 안차애 이성렬 전해수 정재분
등록번호 | 제300-2013-12호
등록일자 | 2009년 4월 15일
주 소 | 03131 서울특별시 종로구 율곡로 6길 36, 월드오피스텔 1102호
전 화 | 02-764-8722, 010-8894-8722
전자우편 | poemmtss@hanmail.net
시산맥카페 | http://cafe.daum.net/poemmtss

ISBN 978-89-98133-92-4 03810

값 9,000원

* 이 책은 수원문화재단 형형색색문화예술지원금으로 발간되었습니다.

* 이 도서의 국립중앙도서관 출판시도서목록(CIP)은 서지정보유통지원시스템 홈페이지(http://seoji.nl.go.kr)와 국가자료공동목록시스템(http://www.nl.go.kr/kolisnet)에서 이용하실 수 있습니다.

강물의 언어

박원의 시집

* 본문 페이지에서 한 연이 첫 번째 행에서 시작될 때에는 〈 표기를 한다.

■ 시인의 말

처음이다.
그러나 문득 유리창을 깨고 들어 온
당찬 결기는 아니다.
계절을 따라 오래 다져진 바람이다.
누구에게나 말할 수 없는
귀엣말
남겨진 것들 그러모아
실을 뽑듯
물레의 궤적을 담은 것이다.
지나갔지만
순환할 내 속내를 내비친 것이다.

2017년 9월
박원의

■ 차 례

1부

2부

3부

4부

1부

차귀도*

혼은 소리가 있다
파도의 기억과 가림막이 된 절벽
대나무 그리고 억새가 알고 있다
하얀 옷을 입은 등대
언덕 위에서 홀로 기다리고 있는
화산이 낳은 돌무더기
꼭 사람들이 먼저 말할 이유는 없다
귀가 있어도 입말을 잊고 산 그를 위해
멀리 있다고 만나지 못할 이유도 없다
민낯으로
사람들이 살다 떠난 빈 둥지
바다가 애써 바람을 먹여 키운
조막손 같은 몽돌이 있는 곳
바지선을 타고 섬으로 들어간 사람들은 안다
밤마다 질러대는 파열음
기다림이 목 끝에 닿아
고도는 망부석의 전설처럼
혼의 모습으로 환생하고 있다

*차귀도 : 제주시 한경면 고산리에 소재한 섬.

시청역 3번 출구

기다림은 목마름이 된다
술을 마시고 나는 시청역 3번 출구에 있다
편의점 노상에서 플라스틱 의자 등받이에 기대
취업차 학원 간 딸을 기다리고 있다
도착시간은 묻지 않았다
정해진 시간
집에 간들 특별한 일도 없고 취기가 내 팔뚝을 잡고 있다
사람들은 목적지를 향해 간다
입을 연 사람들은 관계를 넓혀가고
입을 다문 사람들은 사고를 넓혀간다
살아 있는 것은 저마다 정해진 공간을 채워가고
빈틈에도 바람이 있다
시간이 가면 갈수록 바람은 기다림을 흔들어 놓고
어느 결에 나는 서울 간 딸을 기다리는 건지
내 불안을 잠재우는 건지
출구는 알약처럼 내 입술을 말리고 있다

하얀 소리

기억은 하얀 소리를 낸다
아버지 유품에서 단소가 나오던 날
새벽은 하얀색이다
더듬지 않아도 알 수 있는
휑한 지공에서 매듭진 소리가 난다
여름 소란이 끝난 가을
평소 거실에 앉아 소리를 짓던 당신
내가 취구에 입김을 불어 넣자
물 같은 당신 떠오른다
평소 마음 다칠까 소리를 대신하시던
아린 말 불어내도 속이 시끄럽다는 당신
오늘은 청성곡이 되어 있다
음색이 좋아 말하기 좋아하시더니
그래도 그늘이 안식이 되었던지
서랍장 안쪽에 손때가 묻어 있다
영정이 지나간 거실
아랫배에 힘을 줘도 소리가 지공에서 나오질 않고
내 늑골 가장 아린 곳에서 가늘게 새고 있다

인연

이리 정겨울 수 있을까
내 마음 찾아가는 곳
초인종만 눌러도
출입문만 열어도
이 얼마나 기다렸던 순간인가
내 발길 닿는 곳
이 길의 끝을 몰라도
이 길의 꽃을 몰라도
지금이 좋으리
그대가 좋으리
기다리다 만난 사람이기에
오래
기다리다 만난 인연이기에
지금은 잔바람 불고
지금은 패랭이꽃 너울거리는 계절이기에
그대와 나는 장벽이 없다
그대를 만나러 가는 길은
그대를 만나고 오는 길은

연습

쓰고 싶다는 건
정말 간절하게 쓰고 싶다는 건
아직 목이 마르다는 것
아직 할 말이 있다는 것
글을 쓴다는 건
민낯으로 나를 보여주는 것
내 속의 뒤틀림을 바르게 치환하는 것

쓰고 싶다는 건
정말 간절하게 쓰고 싶다는 건
때론 과욕
무작정 쓰고 싶다는 건
밭을 일구지 않고 파종하는 것
그것은 마른 우물에 두레박을 던지는 것
글은 쓰는 것이 아니라 쓰여 지는 것
내 경험을 통해 타인에게 전이되는
나를 닮은
뱉어진 점액

선지 해장국

늦은 시간
밤새워 술을 마시다
이대로 돌아가면
꼭, 속이 오그라져 버릴 것 같아
눈 가까이 해장국 집을 찾았는데
사람들이 한 줌 풀어져 있다
형광등 아래 테이블이 질펀한데
맨 꽁무니에 붙어
밤새 끌고 다닌 목도리를 풀어 놓자
하루가 곱창처럼 늘어진다
꼬이고 꼬인 것들이 매듭을 푸는 자리
화해의 소리가 안에서 트림을 한다
또 어떤 죽음이 있었기에
주문한 해장국에선 향처럼 김이 모락거리고
나는 제를 올리듯
굳어진 선지에 꾹꾹 삽시를 한다
하루 일들이 뭉쳤다 헤어지고
덩이진 채 흩어진다
이것은 본시 한 핏줄이었거늘
누굴 부를까

갑자기 사람이 그리워질 때
목 끝으로 국물을 떠 넣자
어느 누렁소 울음소리가 난다

새

숲길을 걷다 보았습니다
날개가 작은 새와
날개가 큰 새를 보았습니다
날개는
장식이 아니라 새가 허공이 되는 계단이었습니다
그리고
날개의 크기는 몸집의 크기에 따라 달랐습니다
크면 큰 대로
작으면 작은 대로 하늘에 오르는 의지였습니다
저는
날개가 작은 새처럼 숲길을 걸었습니다
그러자
제 몸에 났던 탐심이
하나씩
하나씩 날갯죽지처럼 빠져나갔습니다
머리가 맑아지고 몸이 가벼워졌습니다
숲길을 걷다
저는 한 마리 작은 새가 되었습니다
퍼덕–퍼덕
양어깨 죽지에서 날개가 돋았습니다

봄 낮

푸른 눈을 뜨는 구나 지난겨울 언 손 호호 불던 네가 백목련 흰 이를 드러내고 봄 낮으로 웃는구나 아직 덜 자란 언어 살래살래 고갤 흔들고 여린 소리 옹알이를 하는구나 섬마섬마 불안하던 바람도 오늘은 왠지 사랑스럽고 네가 웃고 팔 벌리면 굳었던 얼굴 친구가 되는 구나 바람 불면 어기진 치어 떼처럼 초록 눈웃음 몰고 온 너의 몸짓 오후 한때 여인의 머리채처럼 찰랑거리고 해지면 경계의 눈매 푸른 초롱불이 되는구나 살아갈 긴 날 큰길 나설 때 동행하는 길동무처럼 내 곁에선 너는,

운상

죽음은 소리에서 멀어지는 것이다
산속에서 핑경 소리가 나고
노란 수건을 둘러쓴 사람들 그녀를 메고 왔다
명절이면 뉘 집 새끼인지 묻던 사람들
소리꾼의 소리를 어깨에서 어깨로 옮겨가며
평산 신 씨 모셔왔다
열아홉 청학리*에서 청룡리*로 시집온 그녀
새벽이면 밭고랑을 쏘다닌 아흔두 해
이제 제 발 다 닳아 남의 발로 걸어왔다
살아생전 허리 짚고 내다본 저수지 위로
말도 못 하고
처음 해본 죽음 낯을 가린 것인지
무덤에 사랑불이 핀 서방님 곁으로
짚동처럼 무너지러 왔는데
운구를 따르는 사람들
아직 맺지 못한 의성어로
구덕으로 막 들어 설려는 그녀를
악을 쓰며 놓아주질 않는다

*청학리, 청룡리 : 전라남도 완도군 고금면 소재 행정구역 명.

기억의 절인 미소

눈을 떴다 감아도
창틀에 잘린 모습 쉬 사라지지 않는다
흘러간 것이 달팽이 자국처럼 유리창에 남아 멍이 된 겨울이다
블라인드 색이 변해도
계절이 이름을 바꿔도 닦여지지 않는 얼굴이 있다
기억은 뚜렷하게 추억을 살리고 무심은 잔인한 계절이다
얼마나 지났을까
머릿속을 그리고 민얼굴을 쓸어 봐도 잡아내지 못한
빈손이 있다
놓칠 수 없기에 휘몰아친 바람
창문을 들쑤시고
눈에 들었다 좀체 빠져나가지 못한 울렁거림
귀가 멍멍하다
오래 담아둔 기억의 절인 미소
향내가 난다
외면하면 할수록 모습을 바꿀 뿐
꽃이 되고 환영이 된다

애비

새벽,
가방을 메고 시험장에 가는 큰딸
몰래
보는 애비는 큰딸 등에 달린 책가방 뒤뚱거릴 때마다
베란다 창틀
무릎걸음으로 올라선 싱크대에서
부르르
뇌전증 환자처럼 두 다리 떨고 있다

점집

도체, 어떤 운명을 타고났기에
점집 깃발은 붉은 옷을 입고 있다
칠이 벗겨진 철문
우편함이 입을 쩍 벌리고
운명은 휴업이 없다는데 내실에 소리가 없다
금이 간 담벼락 손님을 끌고 간다
거미가 지나간 자국
다가가 손을 내밀자 내력을 말해 주는 것 같다
복채만 내면 파경을 막을 수 있다는 건지
목젖이 달싹인다
칭얼거린 것들 팽개치면 죄가 되는데
날짐승 밥처럼
마당에 선 감나무 빨갛게 타 있다
부질없는 화해를 기다려보는데
그때 손전화가 울린다
점쟁이 경종처럼 떨린 소리가 난다

별

어머니 팔순 연宴
장성 입암산 몽계폭포 갔을 때
나는 아버지 손을 여러 번 잡았다
키 작은 어머니 혼자서 잘도 오르던 길
아버지 흔들리는 다리 나무지팡이에 기대
중턱도 못 가고
귀로하는 동생 편에 하산하셨다
산을 내려가실 때
내 눈에서 점점 작아지던 아버지
나는 간밤 아버지 곁에 자리를 펴고
자주 화장실 오가시는 모습 봤다
몸속에 오래된 병이 자라고 있었다
언제나 커다랗던 아버지
내가 손을 뻗어 아버지 손을 잡았을 때
온기가 있었다
아무리 손을 꼭 쥐어도 곧 별이 될 아버지
나는 남몰래
손바닥에 감춰진 눈물 꼭 쥐고 있었다

섬

혼자 있는 것이 무겁거든 사람을 부르자
그리하여
내 안에 든 말 뱉어내고 내 속의 열기 빼내자
사람은 온기의 대상
어느 누가 혼자 살 수 있겠는가
저물녘
콩나물국에 찬 소주를 마셔 보자
등을 말고 술잔을 부딪쳐 보자
술잔에서 나는 짧은 경음
그것은 살아 있다는 방증
명암은 빛의 양성이다
마냥 좋을 것도 마냥 나쁠 것도 없다
사람 냄새가 좋고 술 냄새가 좋거든
술잔을 비우자
만남이 화해를 낳을 것이다
외로움은 구속
그러나 말이 늘어나면
내 안에 또 다른 섬을 낳을 것이다

2부

휴식

어둠은 절로 오는 것이 아니다
빈 깡통에 색을 섞어 막대기로 저어도
모자를 쓰고 분장을 해도 쉬 오지 않는다
외줄로 바람벽에 붙어 땀을 흘려도
발판에 붙은 깡통에 하늘이 흐려질 때까지
서둘러 여백을 칠할 순 없다
빛의 농도에 따라 어둠의 채도가 달라지듯
한나절 성실이 휴식의 맛을 낸다
빛을 두려워하면
빛은 더 질퍽거리고 기억은 상처가 된다
두려움은 친구가 아니다
누군들 모를까
모든 것에 순서가 있다
서두르지 말고 가슴 지치지 말고
시간의 힘 쌓다 보면
볕이 돌아선 어둠의 등판
곧 휴식이 될 것이다

늦은 생각

혼자 있는 것이 낯설진 않지만
자꾸 미닫이 손잡이를 봤다
길 곁 창을 통해
발걸음 소리 기다리고
얼마나 지났을까
미리 논 식 접시가 시무룩하다
약속 시간이 지나고
옆방 말소리가 크게 들린다
약속 장소를 되짚어 봤다
입 마른 시간
서빙 도우미가 미소 짓지만
변명은 더 짙어지고
앉았던 방석에 내 지문이 짓눌릴 즈음
기다림이 만남을 전제로 한다지만
그것이 목적이 될 때도 있다는 것을
뒤늦게 알았다

골목길 연서

한 사람을 사랑할 수 있다면
그것이
내게 주어진 작은 행복이라면
오늘은 그대
발길을 따르리
바람을 따라가리
길을 걷다
딱
멈춘 그곳에서
오늘은 그대
이름을 부르리
노래를 부르리
뒤돌아
그대
내게 다가오지 않을지라도
잊혀 지지 않은 얼굴 찾아가리
메꽃 피었다 지더라도
나
그대 회상하리

냉각기

따뜻한 손길 멎은 바람벽이 차갑다
벽지는 온기를 기억하고 있지만
거실을 사이에 두고 각자 딴 자리를 틀고 있다
먼저 들어설 수 없는 비무장지대
집을 장만하고
벽지가 맘에 든다고 손바닥으로 가만 쓸어내리더니
보일러 전원이 켜져 있지만
자리를 틀지 못한 공기 불안하다
여름날 애써 키운 잎들 다 버린 느티나무
나를 닮은 건지
입을 다물고
검버섯 선명하니
살아온 소리 귀에 담고 있다
초록마음 뿌리에 박음질을 해 뒀는지
언제부턴가 바람은 눈치를 보고 있다
서로 다른 길을 가고 있는 것처럼
다른 모습
다른 소리를 내고 있다

혼자 걷는 사람

혼자 걷는 사람은
함께 라는 말의 의미를 모를 것이다
길을 걷다
겨드랑이 사이를 파고드는 손길처럼
흔들리는 마음 지켜주는 망대가 있다는 것을
혼자 걷는 사람은
함께 라는 말의 의미를 모를 것이다
호젓한 길을 걸을 땐 휘-휘 세월의 얘길 건네주고
찬바람 불 땐 목을 감아주는 온기가 있다는 것을
짝이 있어 어울림이 있는 것처럼
혼자 걷는 사람은 함께 걷는 방법을 배워야 할 것이다
주장과 투쟁 강하다 할지라도
인내와 희생 약하지 않다
혼자 걷는 사람은
늙지 말아야 할 것이다
곁에 있는 사람 등짐이 될 수 있으니
개성이란 한때 멋
어우러짐의 미학 배우고 배운 만큼
자유의 영역 더 넓어질 것이다

문상

썰렁한 빈소,
그러나 생은 가난하지 않다
병 증후,
몇 해 절뚝거리긴 했지만
그것이 영정 속 미소를 가져갈 순 없다
이 땅에 왔기에 부산한 걸음걸음
아직 기억이 남아 있기에
닫혔던 곡소리 한꺼번에 쏟아진다
죽음이란 소란에서 벗어나는 것
문상을 거부한 유족과 영정 속 미소는 거리가 있다
잊을 수 없는,
죽은 자와 산 자의 마지막 정산
죽은 자의 시간은 촛불처럼 불안한데
산 자는 화해의 입을 다물고 있다
머리를 맞대고 서로 마음을 부려놔도 좋을
어디 평평한 바닥이 없다
차가운 곳에선 사람이 살 수 없다는데
문상객을 외면한 유족은
이미 혹한의 겨울 가불해 놓고 있다

꽃씨

꽃씨를 쥐고 다녔다
봄을 기다리며
겨울 한파가 시작할 무렵 내게 생긴 버릇이다
문을 열고
약속장소로 나갈 때마다
주머니에 담고 있었다
눈길을 피해
알전구 아래 사람을 기다릴 때나
목로에 혼자 앉아 있을 때에도
말없이 쥐고 있었다
우체국 사거리
벽에 기댄 망연한 눈망울
나는 울음 없는 날개가 좋았다
새봄
마른 가슴에 돋아날 미소
겨울 한파가 시작할 무렵 내게 생긴 버릇이다

소리

노인이 노인을 보고 있다
관을 두고
한 노인은 관 속 그리고 다른 노인은 관 밖에 있다
하관이 시작되고 지관은 눈을 감으라고 했다
그래도
그 소리는 들리지 않았다
침묵의 강이 흐르고,
얼마나 지났을까
운상꾼이 부려 논 오동나무 관에서
소리가 나기 시작했다
아득하고 아득한 먼 나라의 나팔소리
아직 한 번도 들어보지 못한 그 소리
살아 있었기에 딱 한 번 듣는다는
한 번 난 소리는 더 이상 나질 않고
그 소리를 들은 노인은 무덤으로 들어가고
그 소리를 듣지 못한 노인은 하산하고 있다

강물의 언어

썩지 않기 위해 흘러야 한다
수량 적은 쪽에서 많은 쪽으로
어떤 날은 비명으로
어떤 날은 민낯으로 살아야 한다
꽃잎 바람에 흩어질 때에도
멈추지 않는 계절의 고동소리 가슴으로 받아내고
석양을 닮은 노을 뽑아내야 한다
흔들리지 않은 마음
바다로 가고
눈에 보이는 모든 것들 다 설명할 수 없지만
어쩔 수 없는 것들 입으로 말하지 않는다
사람들이 찾아와 말을 걸 때에도
몸짓으로,
약속된 언어
고개를 끄덕이지 않아도 강물은 수긍하는 방법이 있다
물결소리로
돌무더기에 부딪쳐 휘– 돌아서는 모습
물그림자 같은 강물의 언어 따로 있다

남새밭

엄마네 집에 갔다
거리가 먼 것도 아닌데
대나무가 길게 뻗어 있다
엄마는 대문 앞에 남새밭을 만들어 놓고
깻잎이며 도라지 더덕을 심었다
그래도 무엇이 부족했던지
콩과 오이 대나무에 태워 하늘로 올리고
해를 따라
오이꽃이 노랗게 피고 지면 열매가 달렸다
엄마는
자식들 기다리는 날 길어지면
광주리에 담아 시장에 내다 팔고
혼자 집으로 돌아올 적
안줌에 담긴 지폐 몇 장 만지작거렸다
어릴 적
내 새끼들 볼을 만지듯 정성스레 하루를 보내면
다음 날 호박 덩굴에선
새끼들 얼굴처럼 노란 꽃이 팼다
엄마의 세월이
한 아름 익어 있었다

진퇴양난

덩치 크다고 싸움 잘하는 건 아니다
주인의 설득으로 모래판에 나섰지만
저놈은 무사 같다
심판의 휘슬소리
움직임이 칼날 같고
눈알을 부라리며
질질, 침이 바닥에 떡이 진다
옹이진 짝 뿔
내 이마 내리박으며
고향 땅 석류꽃 다시 볼 수 있을지
경기는 체급별이지만 싸움은 깡다구다
꽁무니를 빼자니 구경꾼들 웃음거리
그냥 맞서자니
저놈 뿔걸이 목 감아 밀치기
소름이 돋는다

빈자리

네가
떠나갔다 말하지 않겠다
꽃이 졌다 말하지 않는 것처럼
이제, 가을이 올 것이니
꽃 진 자리 열매가 들이차고
네 빈자리 향기가 찰 것이다
네가 떠나왔다
또 내게서 떠나간 것은
내 기억 속 잔 바람에 그치고
네가 앉았다 떠난 자리
내 기억의 손짓
너를 데려올 것이다
우리
밑동부터 키웠던 신뢰
그 나무를 베지 말자
다른 환경
다른 모습으로 살아가더라도
우리가 가는 길
한곳으로 뻗어 있으니

속병

봄이 오는 소리
그 소리 듣고 계시나요
봄은 어느 길로 오시나요
혹여,
혹여 가슴까지 내밀면서
종일 애만 태우고 계시나요
봄은 감춰진 속살
새벽이슬처럼 오시나요
낮 동안 기다리다 지친 몸
밤을 기다리지 못하고
산으로 들로 쏘다니다가
저리로 가 꽃이 되나 봅니다
저는 봄을 기다리다 그가 지른 꽃불
제 가슴으로 옮겨와 불두덩이 되었습니다
그리고 속병을 앓고 나서야
봄은 기다리는 것이 아니란 걸
때 늦게 알게 되었습니다

시산제

사람들은 기도한다
하늘을 향해 빈 곳을 향해
그리고 묻는다
두려움과 앞날에 대해
나는 소원하지 않는다
배낭에 실려 왔을 뿐
정상에 올라보니 사람들만 엄숙하다
뭔가 꾸민 것 같다
제기라고 은박지에 배 사과 대추를 올려놓고
중앙에 나를 두었다
술을 올리고 축문을 낭독한다
산바람이 찬데
궁둥이를 쳐들고 엉거주춤 삼배를 한다
전기충격에 목숨 줄 놀 땐
이런 신세 될 줄 몰랐는데
돼지머리가 무슨 복을 준다는 건지
사람들은 나를 경배한다

3부

색의 향연

저녁은 빛을 줄이고 있다
수원갈비스토리*
문턱을 넘는 발길이 다 멎을 때까진 기다림이 필요하다
한 보따리씩
줄임표와 느낌표가 다 들어차기까지
그리고 그 보따리 다 풀어놓기까지 반나절은 태부족이다
전주에서 정읍에서 그리고 광주에서 왔다
서울에서 출발해 얼마나 돌았을까
수원화성은 동그랗다
그래도 한자리 가득 27색의 향연은 보색이 없다
전라도 밑반찬 풍성하다지만 이만한 상 차려낼 수 있을까
굳이 풍악이 필요 없다
솔산의 가락이며 오은의 뽕짝, 명천의 손짓도 뺄 수 없다
감동은 가슴에 있다
배가 고픈 대로 빈 접시 손들면 상은 줄지 않고
꼭 잡은 옷고름 풀어내는 헬로의 덕담과 사회자의 연금술
후식으로 맞춤이다
여적 은향의 잔손질이 쉬지 않지만
서로의 눈빛으로 챙겨준 찬, 맛 갈 난다
술시戌時가 술술 넘어가지만 인화의 초롱 꺼지지 않는다

*수원갈비스토리 : 경기도 수원시 팔달구 정조로 소재 음식점 상호.

속내

빨랫대에 올라 허리를 반으로 접고 있다
두 다리 팔자로 벌리고
햇볕과 바람이 물어다 준 풀들의 소리
매미 배앓이 소리로 듣고 있다
세탁기 속에서 들었던 설움
촘촘히 늘어놓고 거실 한편에 널려 있다
지금은 상처에게 말을 걸어주는 시간
저도 한때 뭇 사내들 눈길 빼앗고
거리에 남아 있었기에
그 기억 하나로 하루를 일광으로 보냈지만
지난 얼룩 쉬 지워지지 않는다
그때는 그것이 최선이었을까
설핏 곁에 누운 이에게 마구 퍼붓는
그런 눈짓 짓도록
낮 동안 마음 못 써준 나는 짐짓 그를 피해주었다
지금 구겨져 있어도 다시 일어나면
바람 타고 떠날 그런 날 있을 거라
그렇게 속내를 드러낼 수 있도록,

남행 열차

남쪽행 기차는 볕을 타고 간다
줄을 잇는 차륜들 서로 추월하지 않고
객석의 미소 담장에 핀 햇볕 같다
얼굴은 겉으로 피워낸 마음의 꽃
어깨에 매단 선물꾸러미
아이들 입에 단 고등소리
설날, 고향으로 가는 모습
눈을 감아도 볼 수 있는
이끼 낀 골목이다
휘돌아 마중 나오는 반가운 걸음들
그것이 여태 그리움이 되는 것은
아직도 기다리는 사람이 있는 것이다
발을 뻗어 쉴 수 있는 곳
내가 살아 희망이 되는 곳이다
남쪽으로 가는 기차는
경쇠소리 들리지 않아도 좌복하는 온기가 있다
나는 지금
남쪽행, 그리움에 도착하고 있다

경비실

사방에 갇힌 섬이다
누드처럼 훤한 경비실
새벽 1시
잠을 이루지 못한 사람들
주머니에 손을 찔러 넣고 경비실을 감시하고 있다
「순찰 중」
경비실 입구엔 팻말이 붙어 있다
누가 누구를 경비하는 줄 모른다
노인은 어제와 다른 오늘이다
주차문제로 주민과 난장을 친 뒤
등이 높은 시트에 몸을 묻고 있다
외침보다 내침을 주의하라는데 삿대질한 손짓
언제부터인가 노인은 겁을 먹고 있다
물컹해진 팔뚝 다독이며 잠을 청해보지만
고함 윙윙거리고 속이 끓는다
팔뚝에 찬 시계가 떨고 있다
교대시간 기다려보지만 아침은 쉬 오질 않고
싸리비 위로 흰 머리털 바람이 분다

커피 숍 풍경

몰입은 자유에 날개를 단다
변두리 커피 숍
한 여자가 잠을 자고 있다
사각테이블 꽃잎처럼 내려앉아
의자 등받이
사진기와 선캡 그리고 스카프를 벗어두었다
흰 양말
하루의 일정을 발목에 묶어두고
사는 것은 집중과 해제
팔뚝으로 눈을 덮은 그녀는
미뤄둔 커피 향을 마시고 있다
주인은 말이 없고
역할은 영역과 다른 얘기
벗어둔 운동화
종일 걸었던 거리를 발바닥에 새기고
노동은 해를 따라 마감한다
늦은 오후
일행은 새로 주문을 넣지 못하고
문턱만 넘나들고 있다

마침표

말이 없다
영정 아래 제수가 차려지고 유족들이 절을 한다
염습을 마친 망자는 보공 의를 채운 관에 있다
소생은 바라지 못하고 장의사는 입술이 건조체다
이생의 무게를 맨바닥이 지고
출상이 시작되자 곡소리가 커진다
그래도 운구차는 멈추지 않는다
주소가 없는
처음 가본 곳으로 장의사가 망자를 끌고 간다
해가 이울고
하관을 준비하는 눈길 망연하다
산신제를 올리고
광중에 관구를 내리고 좌향을 잡는다
명정을 덮자
순서 없는 발길 밭둑을 무너뜨린다
좁고 훤한 구덕
곡소리가 차고 휑한 산 중턱
바람이 취토를 시작하자
비석이 이생의 마침표 찍고 있다

꽃밭에서

아름다운 것이다
우리
서로를 바라볼 수 있다는 것은
진저리치도록
그 어떤 아픈 것이 있기에
여기 피어 있는 것이다
흔들리는 것이다
비가 오면 오래
눈이 오면 더 오래
서로의 가슴으로 걸어가고 있는 것은
확인하고 싶은 것이다
기대고 싶은 것이다
시린 가슴을 단 우리는
서로 만나고 싶은 것이다

너의 문

나는 종일 너의 문에 갇혀 있다
해가 떠도 그 사이로 단풍이 들고
바람 불어 낙엽이 지고 있다
하루는 길고 길어
비가 왔다 그친 사이 사람들이 지나가고
한 무더기 발길들이 빼곡하게 차 있다
은행잎 날리는 도로
싸리비질하는 등이 있다
굽은 등에 가을이 내리고
그는 잃어버린 길을 찾고 있다
가을이 퇴장하는 나팔소리
조금씩 빠져나가고
종일 열리지 않는 가슴에서
너의 소리가 들린다
한번 빠져나가면 다시 돌아올 수 없는
다 헤진 기억
"사랑한다."
그 방울소리
나는 종일
너의 문을 나서지 못하고 있다

책가방

아들 가방에서 담배가 나왔다
근심은 구겨진 곳에 있고
책가방에서 부스럭 소리가 났다
그것은 어떤 부재가 주는 기척
가만 담배를 꺼내보았다
어릴 적
내 엄마 젖꼭지가 만져졌다
물 젖은 멍울
그것이 한기를 덥힐 수 있을까
언어는 원시부터 이어져 왔는데
하소연할 한 사람이 없다
담뱃갑에 청소년 경고문이 있다
통제는 연기가 되고
학교로 간 걸까
아들 방에서 눈이 내린다
나는 황급히 문단속을 하고
방 안 보일러 스위치를 올렸다
한기를 내쫓고 있다

내 발길

하늘이 우산을 들었습니다
검은 우산
등을 두드리며 달려드는 비가
내 차등을
그리고
당신 창을 두드리는 내 모습처럼
크지도 아니 작지도 않게
내 귀에 붙어 있습니다
당신은 먼 곳을 바라보고
나는
별을 쫓아가는 당신 기다리며
오늘도
민얼굴
귓가 낮은 빗소리로
당신 창을 향해 걸어갑니다

목련을 탓하다

무슨 일인가 저것은
무슨, 폼 난다고
다른 것들 부스스 눈도 덜 떠 아린데
훤히 속을 까발리고 위태하게 매달린 채
춤까지 출 게 뭐란 말인가
솔직한 건 좋다만
겨우내 언 가질 뚫고
다른 것들 엉거주춤 눈칠 보는데
그 흔한 잎으로 앞도 못 가린 채
뭣이 급해 헐떡이고 왔는지
너로 인해 기다림이 뭔지 알 것 같다만
잔바람에 슬렁슬렁 너스레를 떨고
아직 귀에 달지 못한 꽃소식
미리 말할 게 뭐란 말이냐
그 소리 맑고 깊어
마른 가슴 봉싯하게 부풀긴 하다만
무슨, 자랑이라고
속옷도 없이
남보다 먼저 출행할 게 뭐란 말이냐
부끄럽지도 않냐, 너는

부재

집에 돌아와 거실바닥에 앉았는데
그가 없다
기다린 사람 있는 것처럼
서둘러 가재도구를 챙기고 밥을 안쳐도
문을 여닫는 소리 쉬 들리지 않는다
내가 잘못한 걸까
화장실 물새는 소리 듣는다
산다는 것은 때로 자잘한 소란
바닥에 떨어진 머리카락을 끌다 알았다
오늘은 어제에게 받은 전염
내 발톱에 세를 낸 무좀을 보았다
누굴 위한 것도 아닌데
굳이 검은 바람이 아니어도 창문이 불안하다
다른 생각,
깎고 깎아 본들 숨소리만 가쁘고
바다로 간 걸까
바가지에 풀어 논 미역
푸르고 자유롭다

실업

손을 내밀자
매미소리가 내려앉는다
종일 날다 지친 날개처럼 그것은 쑥부쟁이 무게를 하고 있다
힘들게 삽자루를 잡던 손바닥처럼 잔물결이 일고
벼락이,
폭우가 쏟아진 것도 아닌데 일상은 눈이 멀다
오래 다녔던 지장
뚝 잘린 하루
두렁 밭 고추가 실하게 달렸지만
거울에 비친 얼굴 꺼멓다
마른세수를 하고 고개를 돌리자
우두둑
뼈 내뱉는 소리 선명하다
홑창처럼 털어도
털리지 않는 축축한 것들 벽에 걸려 있다
시계에 갇힌 하루
빈 공간을 꽉 채우고 나서야 일상을 접는다

옥쪼시 장시*

오늘은 왜 일찍 나왔나 장날도 아닌데
남보다 맨 먼저 마수걸이 떨이를 도맡아 하면서
재래시장 한편
이마에 주름을 단 노인이 옥쪼시를 판다
남달리 꼼수를 부린 것도 입에 발린 말도 못 하면서
그래도 고정손님 탓에 아침 일찍 서두른 이유가 된다
제 애비 사업실패로 혹처럼 딸린 손자 놈
새끼 잘못 둔 죄 세월처럼 깊어지지 말기를
다 늙어 무섬도 없는지
밤마다 대문을 열어 놔도 어둠만 들어올 뿐
한입 풀칠이야 아무러면 어쩔까만
손자 놈 학비라도 보탤까
리어카를 끌고
자식 생각은 오후 한때 망연한 허공뿐
찜통에 김이 풀풀 끓어오르면
오늘도 맛이 익는구나, 세월이 익는구나
맛을 낸 나만의 비법
반함처럼 입을 꾹 다물고
아무렴 시장이 반찬일까
"옥쪼시는 따숩어야 제맛이제"

찜통 뚜껑에 누비이불 덮어두면
탄불에 올린 하루 노랗게 익어 있다

*옥쪼시 : 옥수수를 의미하는 전라도 사투리.

4부

공원

비가 내리는 공원은 적막하다
제 한 몸 가려줄 우산이 없으니
사람들의 웃음소리
질퍽하게 여름비가 내리는 공원은 한산하다
세상의 그 어떤 사람이 비를 막을 수 있겠는가
나는 비 맞는 공원이 좋다
풀꽃의 사연을 묻는 벤치가 있고
여느 노년도 젊어 한 시절
그곳에서 푸른 바람을 만나곤 했을 것이다
그러므로 갑자기 회한이 일렁이거든
공원으로 가라
방구석에 우울일랑 양말처럼 밀어두고
가볍고 노란 샌들을 신고 바람처럼 걸어가라
나는 공원에서
내 이웃과 그 이웃이 그랬던 것처럼
구겨진 것들을 풀어놓는다
우산을 들고 오랫동안 그네며 벤치를 받쳐주다
어둠이 내 등을 떠밀면
가만 공원을 빠져나올 것이다

동남아 사람

벌써 칠 일째, 그가 보이지 않는다
이국 먼 땅 가겠다고
우리 땅 산하 헐떡이고 달리더니
먼 길 떠났는지
출발 전 준비물을 챙긴다고
옷이며 몸을 조심스레 살피더니
농담 반 진담 반
씩 웃는 게
내심 걱정이 되긴 했지만
평소 잊고 살다 소여물 씹듯 내뱉는 말
키가 작고 네모진 얼굴 유독 까매
혹, 응원 나온 교민들 자국민 몰라볼까
가슴에 훈민정음 박음질 꼭 해야 한다고
교민들 알고 박수 쳤는지
혼자 살며 남의 말 귀에 달지도 않더니
보스턴 마라톤대회 나간다고
배번 보듯 거울 앞에 섰던 그가
짧은 다리 풀코스 완주하고
자국으로 돌아오긴 하는 건지

빈곤의 다른 변

나는 말을 굶었다
매끼 밥솥에 밥이 있고
그 사람에게 눈에 띄게 들이댈 이유 없기에
일찍 들어와
때까치처럼 집을 지켰다
누가 먼저랄 것도 없기에
말없이 음식 준비를 하고 내 소리 아이가 대신했다
냄비처럼 갈등이 끓어오르면
널브러진 방바닥을 닦아내고
감정은 존재의 실현
하루는 저녁으로 마감하고 앙금은 자고 나면 삭혀졌다
침묵의 다른 이름은 항변
설거지를 하면 뭉그러진 것이 빠져나가고
개수대가 울렁거렸다
시간이 지나도 낡을 수 없는
굳이 말 안 해도 대신해 주는 것이 있다
빈곤은 배가 고파 생긴 것이 아니다

봄볕

사람들은 흙냄새를 찾아간다
연우가 오던 날
남쪽으로 가는 사람들
푸른 것들이 실하게 붙어 있는 차창에
이제 막 엉긴 것을 떼고 온 어미처럼 가슴을 쓸고 있다
차가 흔들릴 때마다 물젖은 잔영 일렁이고
사는 것은 아쉬움의 연속
먼 산안개 멍울을 가두고 있다
한곳에 붙박여 본 사람은 안다
누가 누구를 위로하는 것이 아니라
일상이 셀프로 자기를 위로하고 있다는 것을
남도로 가는 길
그것은 처음 만나 어색하게 몸을 튼 사람처럼
입이 마르거나 낯설지 않다
버스는 속도로 목적지에 이르지만
마음은 속도로 전하는 것이 아니다
수면이 부족한 듯 사람들이 눈을 감고 있지만
나란히 앉아 온기를 전하고 있다
소통의 두레박질이다

사람들은 남녘 땅 별을 향해 가고 있다
마음의 봄별 펴 올리고 있다

나는 손말림

풀잎처럼 누워 있다
옆 사람이 열고 간 문으로 찬바람 들까
외동딸이 보낸 꽃무늬 이불 아래 나란하게 놓여 있다
재활시간을 잊고
숨을 들이쉴 뿐 나는 나를 놓았다

식당에 지정석이 있지만 내 자리를 모른다
오늘 아침
그리고 어제 저녁에도 늘 그 자리라는데

내 몸빼 흰 실로 '말' 자가 새겨진 것은
105동 완도 댁과 동색이라 그런 것을
나는
그날그날 흔적으로 산다

언제나 갈지
계절은 요양원 창문으로 오고 가족은 면회소 큰문으로 갔다
시작이 뭔지 모르고 시작한 삶
워커*를 밀고 종일 원을 따라 걸어보지만

여적 그 자리이다

출입문 문패에 101세 1등급 손말림
친절하게 사진까지 붙어 있지만
그가 누구인지
나는 내 이름을 잊고 산다

*워커 : 장애인 보행 보조기구.

근황

어머니, 점점 외할머니 되어 가신다
거울에 비친 나는 여름 산 그림자
뉘엿뉘엿 귀밑만 익어 가는데
어머니 메밀꽃처럼 하얗다
염색을 했다지만 삐쭉 내민 흰머리 영 감추지 못하고
어머니 자꾸 산을 좋아하신다
의사는 등산이 좋다고 하지만
외할머니 산에 간 뒤 여적 내려오지 않으셨으니
어머니 산을 오를 때마다
목청껏 뽑아낸 노래 외할머니 목청이다
저러다 혈압수치 정상으로 돌아와도
산이 편하다
영 내려오지 않으시면
나는 일 년에 한두어 번
명절 때나 찾아뵐지
어머니,
정말, 왜 이러시나

청명

아침 출근길
식당 앞 구르마가 멈춰 있다
주인은 어딜 가고
식사를 끝낸 손님처럼 휑하니 속을 비우고 있다
허옇게 닳은 바퀴 허기진 몸체를 바치고
사는 것은 수평과 수직의 조화
어느 한쪽으로 기울면 불안하다
디귿 자 모양 손잡이는 알고 있다
생활의 무게를
그리고 주인이 감당할 수 있는 분량을
시도는 좋지만
욕심을 낸다고 다 이루어지는 것은 아니다
생활은 습관이다
뒤축으로 균형을 잡고 두 팔로 무게를 이동한다
짐이 크다고 무서워 할 것 없다
내 몸이 작아 지혜가 있다
사는 것은 근면이다
고물상 시세에 따라 얼굴빛 달라지는 파지 줍는 노인처럼
변덕이 심한 봄날
그래도 오늘은 청명이다

샵 레이첼

불빛이 눈을 두드린다
사금파리
이끼 낀 빛처럼 나를 맞이한다
샵에 들어서면
산 고요가 있고 물든 탄성이 있다
처음 어색하게 룸을 서성여 보지만
그녀의 안내
색과 향이 꽃밭이 되고
물 비닐
그녀의 손길은 같은 톤이다
익숙한 자유
사는 것은 때로 일상을 홑창처럼 털어내는 일이다
홀연히 나를 허공에 던져 보는 것
취미는 자유와 같다
오늘 내 발자국은 내 이름
어딜 가든 같은 이름의 다른 모습이다
살다 생활의 무게가 느껴질 때
나는 레이첼로 간다
발목을 찰랑이는 하얀 미소
말을 해도

소리가 죽지 않는 백로 같은 그녀의 귀가 있다
내 기도가 있다

그리움 물들면

난, 네가 보고 싶다
언제부터인가
우리 만났던 날 셈하는 버릇처럼
손톱을 허공에 대고
봉선화 물들이듯
꼬 · 옥 · 꼭
너의 눈빛 백반에 묶어 두고 싶다
시간과 시간 사이
실로 친친 감아내면
손톱 밑
연분홍, 그 정념
난, 오늘처럼 비가 내리면
물빛, 네 처마 밑
마냥 들이치고 싶다

조시弔詩

지리산자락
구례에서 태어나 평소 산처럼 사시더니
아직 매듭 못 튼 자식 남겨두고
뭣이 급해 이승의 진정 털어내셨는지
섬진강 굽이져 운무가 흐르고
배롱나무 붉게 핀 자리
생멸이야 누구의 탓도 아니지만
아직 패 낼 꽃망울 저리 많은데
바람처럼 어디로 가신단 말인지
붙잡지 못해 바람이더이까
그곳은 도체 무엇하는 곳인데
혼자서 가신단 말인지
살며 소리 한번 크게 질러대지 못하고
안으로 안으로 말씀하시더니
사방 흔절된 자식들 다 불러 두곤
도체 어디로 가신단 말인지
아시나요
옥양목에 꽃신 신고
먼 나라 텅 빈 허공 빈손으로 가시는 곳
그곳이 극락정토이더이까
그곳이 극락왕생이더이까

온기

그대 잊지 말아요
아궁이 잔불 있을 때
미련을 끄지 마세요
잉걸불 꺼지면 지난 얘기 어쩌시려고요
바람 부는 날
부뚜막 허연 김이 무쇠 솥의 희망인 것처럼
어릴 적
내 어머니 바지런한 풀무질
가족을 위한 기도였어요
활–활 타지 않아도 좋아요
어머니 젊을 적 홍기
그만하면 멍울진 소리 재울 수 있어요
밤은 질기고 더디 가지요
장작 패고,
아직 기다릴 사람 있거든 그 불 끄지 마세요
겨울, 어둠이 일찍 찾아오는 날
손등을 뒤집어 봐요
손금처럼 퍼져오는 온기
그것이 사랑이어요

산사

마음의 모를 깎는 선방
소리를 깎고 있다
토방의 백고무신 방안에 들이고
묵은 한지 창 달 꽃이 폈다
산사, 사립은 경계에 불과할 뿐
정적이 들어서 문고리를 흔들어 댄다
얼마나 깊은 우물인가
단주는 돌고 돌아 오탁을 재우고
오욕이 머리를 깎아 놨다
목 끝에 매단 풍경소리
면벽 승 귀를 막고
바위를 뚫은 자작나무 목우가 되어있다
사념의 문 달아본 사람은 안다
서방정토 닿기 전
마음의 달 띄워야 한다는 것을
인연은 돌고 돌아 멈추지 않고
움직이는 것은
규정할 수 없다

장마전선

젊음은 돌출, 일상이 진행형이다

날이 밝았다 먹구름 껴도 그것은 기상예보관의 오보가 아니다

하늘이 보여줄 수 있는 변덕 다양할수록 걸음이 주춤거린다

마른 바닥에 불을 놓고 새것에 눈을 뜨는 것이 젊음이다

오래 기다려도 오지 않는 사랑 먼저 나서라

감성의 다리 떨어져도 다시 다리를 꼬고

기다림은 처마 밑 물동이처럼 입이 마르다

기상캐스터가 우기가 들 것이라 한다

그러나 장마전선에도 사랑이 있다

처음 만날 땐 천둥과 번개가 친다

갑자기 들이닥친 사랑

그 소나기를 피해 우산을 들자

캐노피가 큰 노란우산

손잡이에서 기류가 다른 두 손이 충돌하고 있다

칼란디바

미안하다고,
그래서 안타까운 일이라고 늘 같은 말이다
나는 승진탈락 소식을 듣고 꽃집으로 갔다
사람은 자기를 닮은 것에 친화되는 것인지
몸집이 작고 꽃대가 긴 꽃을 봤다
누구에게 축하화분을 받을 수 없기에
칼란디바 다홍색을 봤다
바닥에 적응하지 못하고 고집이 너무 짙어
뭐라 얘기할 수 없고 뭐라 위로할 수 없다
그래서 물을 주고
볕을 쏘이고 바람에게 나를 맡겨뒀다
거짓 없는 세월
싱싱한 사랑이 성장을 돕고 있다
아무리 생명력이 강한 식물이라도
지엽보다 몸통을 먼저 생각하고
무엇을 선택하기보다 무엇으로 선택되어야 한다
그리고 어느 곳이든 보색이 필요하다
맹추위에도 봄을 기다릴 줄 아는
가만 생각해 보면
나는 향내 나는 사람이 위안이 되었다

■□ 해설

감정의 평정과 균형의 미학

박현솔(시인, 문학박사)

인간의 감정은 변화를 지속하며 다양한 모습으로 확장될 가능성을 가지고 있다. 기쁨과 환희, 슬픔과 외로움, 두려움 등의 감정은 스스로 촉발되기도 하지만 대상이나 타자들을 통해서 생성되기도 한다. 특히 시인에게 있어서 감정은 시인의 내부에서 촉발되어 무한한 에너지를 발산하게 되고, 대상이나 타자들을 매개로 하여 감정이 촉발되는 경우에는 표상 너머에 있는 근원적 사유를 표면적으로 이끌어내는 힘을 발휘하게 된다. 이때 가장 큰 관점 포인트는 진정성의 여부인데 감정의 뻗어가는 에너지와 진정성이 만나게 되면 평소보다 더 확장된 감동을 만들어낼 수가 있다. 그러므로 시인의 감정은 시를 쓰게 만드는 동기이면서 대상과 타자들에게로 관심을 기울이게 하는 근원적 힘이 되는 것이다.

이번 박원의 시인의 첫시집 『강물의 언어』에서는 가족과 타자, 사랑과 외로움, 삶과 죽음을 바라보는 시인의 감정이 평정심을 유지하면서 균형감각을 유지하는 특징을 보인다. 보통은 감정이 어느 한쪽으로 치우치면서 그로 인한 불균형에서 발생하는 불협화음이 시가 되는 경우가 있는데 박원의 시인은 가족을 생각하는 마음 반대편에 타자들이 들어설 공간을 마련해두고, 사랑이 장악할 수 있는 감정의 한쪽에 외로움을 키우고 있으며, 삶의 미련과 아쉬움을 느끼면서 죽음을 바라보고 있는 화자들을 거느리고 있다. 내면적으로는 균형을 이루기 위한 갈등이 감지되긴 하지만 외향적으로 봤을 때 그만의 평정심으로 인해 모든 것들이 균형을 이루고 있는 것으로 보인다. 그렇다면 시인의 감정을 조절하게 만드는 요인은 무엇일까. 그것은 개인으로서, 한 사람의 시인으로서의 존재 이외에 더 큰 사회적 자아가 뒤에 버티고 있기 때문이 아닌가 한다. 개인의 쾌락과 행복을 추구하는 한편에 사회의 정의와 공공의 이익을 도모해야 한다는 심리적 기제가 작동하고 있기에 시인의 시들은 겉으로 봤을 때 평정심과 균형을 유지하고 있는 것으로 보이는 것이다.

먼저 가족과 타자에 대한 시선에서 아버지로서 남편으로서 아들로서의 역할에 충실한 보통의 성인 남성을 연상케 하는 것을 보게 된다. 자녀들의 성장과 방황을 지켜보는 아버지의 심정과 병든 부모를 생각하는 마음이 고향의식으로 연결되는 것에서 따뜻한 가족애를 엿볼 수가 있다. 이와 더불어서 타자들에 대한 시선도 따뜻한 인간성을 바탕으로 그들에게 보이는 관심이 가식적이지 않고 진정성을 바탕으로 한 것을 느낄 수가 있다.

①

새벽,
가방을 메고 시험장에 가는 큰딸
몰래
보는 애비는 큰딸 등에 달린 책가방 뒤뚱거릴 때마다
베란다 창틀
무릎걸음으로 올라선 싱크대에서
부르르
뇌전증 환자처럼 두 다리 떨고 있다

– 「애비」 전문

②

아들 가방에서 담배가 나왔다
〈중략〉
담뱃갑에 청소년 경고문이 있다
통제는 연기가 되고
학교로 간 걸까
아들 방에서 눈이 내린다
나는 황급히 문단속을 하고
방 안 보일러 스위치를 올렸다

한기를 내쫓고 있다

―「책가방」 부분

③

아버지 흔들리는 다리 나무지팡이에 기대
중턱도 못 가고
귀로하는 동생 편에 하산하셨다
산을 내려가실 때
내 눈에서 점점 작아지던 아버지
〈중략〉
아무리 손을 꼭 쥐어도 곧 별이 될 아버지
나는 남몰래
손바닥에 감춰진 눈물 꼭 쥐고 있었다

―「별」 부분

④

재래시장 한편
이마에 주름을 단 노인이 옥쪼시를 판다
남달리 꼼수를 부린 것도 입에 발린 말도 못 하면서
그래도 고정손님 탓에 아침 일찍 서두른 이유가 된다
제 애비 사업실패로 혹처럼 딸린 손자 놈
새끼 잘못 둔 죄 세월처럼 깊어지지 말기를

―「옥쪼시 장시」 부분

⑤

출입문 문패에 101세 1등급 손말림
친절하게 사진까지 붙어 있지만
그가 누구인지
나는 내 이름을 잊고 산다

―「나는 손말림」 부분

⑥

벌써 칠 일째, 그가 보이지 않는다
이국 먼 땅 가겠다고
우리 땅 산하 헐떡이고 달리더니
〈중략〉
보스턴 마라톤대회 나간다고
배번 보듯 거울 앞에 섰던 그가
짧은 다리 풀코스 완주하고
자국으로 돌아오긴 하는 건지

―「동남아 사람」 부분

자신의 혈육과 별반 다르지 않은 관심으로 타자들을

살피고 걱정하는 시적 화자의 모습에서 진정한 배려를 느낄 수가 있다. 자신과 타자를 경계 짓지 않고 진정으로 마음속에 받아들이는 것은 자신만의 철학이 없으면 불가능한 일이다. 내 것, 우리 가족의 것, 우리 집단의 것에 안주하지 않으려는 열린 마음은 아마도 처음부터 형성된 것이 아니라 오랜 마음의 수련에서 단련된 결과이지 않을까 싶다. 그리고 타자의 층위가 자신보다 잘나고 가진 것이 많은 사람들이 아니라 가진 게 없고 소외된 이웃과 타자들에 대한 관심과 배려야말로 진정한 마음에서 비롯된 것이다. 박원의 시인의 시 속에 등장하는 인물들은 옥수수 장사꾼, 요양원 환자, 외국인 노동자 등 사회에서 소외된 사람들이 주를 이룬다. 누구도 진지하게 다가가지 않는 이들 타자들에 대해서 마음으로부터 우러나오는 측은지심으로 관심을 기울이는 화자는 부처의 불도와 예수의 사랑을 실천하는 제자들의 모습 그 자체이다. 이러한 시인의 타자의식은 전 지구적인 것으로 확장될 가능성이 높다. 전쟁으로 고통 받는 사람들, 남의 나라를 떠돌아다니는 사람들, 질병으로 죽음에 직면한 사람들 등 모두가 시인의 관심 안에 호명될 여지가 있고 이러한 부분이 박원의 시인이 다른 시인들과 변별성을 가질 수 있는 영역이다.

타자들에 대한 관심은 시인의 심성 안에 사랑이 가득할 때 자연스럽게 표출되기 마련이다. 이러한 사랑의 연대는 부모와 가족들로부터 시작되어 바깥으로 퍼져나가는 게 일반적인 양상이다. 박원의 시인 역시 부모로부터 따뜻한 사랑을 받으면서 성장하였고, 자녀들에게도 자신의 사랑을 아낌없이 주는 자애로운 아버지의 모습을 보인다. 타자들에 대한 관심과 배려도 그 연장선상에서 자연스럽게 이루어진다. 그 밖에도 사랑하는 사람에게로 향하는 무의식적인 사랑을 억지로 차단하지 않으며 마음이 가는대로 내버려두는 낭만성도 가지고 있다. 그리고 가까이에 있는 사람에게 소홀하여 마음의 벽이 넓어지고 소통이 단절된 인물들도 시 속에 등장한다. 그들은 서로의 관심을 원하면서도 관계의 회복을 시도하지 못하고 진정한 소통을 하지 못하는 안타까움을 보여주기도 한다.

①

한 사람을 사랑할 수 있다면
그것이
내게 주어진 작은 행복이라면
오늘은 그대
발길을 따르리
바람을 따라가리

–「골목길 연서」 부분

②

너의 눈빛 백반에 묶어 두고 싶다

시간과 시간 사이
실로 친친 감아내면
손톱 밑
연분홍, 그 정념
난, 오늘처럼 비가 내리면
물빛, 네 처마 밑
마냥 들이치고 싶다

–「그리움 물들면」 부분

③

마냥 좋을 것도 마냥 나쁠 것도 없다
사람 냄새가 좋고 술 냄새가 좋거든
술잔을 비우자
만남이 화해를 낳을 것이다
외로움은 구속
그러나 말이 늘어나면
내 안에 또 다른 섬을 낳을 것이다

–「섬」 부분

④

혼자 걷는 사람은
늙지 말아야 할 것이다

곁에 있는 사람 등짐이 될 수 있으니
개성이란 한때 멋
어우러짐의 미학 배우고 배운 만큼
자유의 영역 더 넓어질 것이다

–「혼자 걷는 사람」 부분

사랑의 감정은 타자를 조건 없이 마음속에 받아들이게 하고 인간과 인간, 인간과 대상의 경계를 무너뜨리는 역할을 한다. 긴장의 마음을 없애고 진솔한 사랑의 감정에 몸을 맡길 때 시적 화자는 행복할 수 있고 더 큰 사랑을 경험할 수 있게 된다. 하지만 사랑하는 사람이나 대상에게로 향하는 마음이 크고 깊을수록 외로움도 자주 찾아온다. 그럴 때마다 시적 화자는 허전하고 그리운 마음을 다시 "사람"이라는 "온기의 대상"에서 찾으려고 한다. 사랑과 외로움은 뫼비우스의 띠처럼 연결되어 있고, "혼자"가 아닌 "함께"일 때 외로움을 극복할 수 있으며 "자유의 영역"도 넓어짐을 깨닫게 된다.

또한 사랑하는 사람에 대한 그리움을 비오는 날 "네 처마 밑/마냥 들이치고 싶다"라는 표현으로 드러내는 것은 평소에 감정의 균형을 지향하는 시인의 철학에서 빗겨난 것으로서 한없는 감성으로의 추락이 엿보이는 부분이다. 개인적으로 시인의 시편들에서 이런 부분을 자주 만나볼 수 있기를 바라는 것은 지나친 주문일까.

평소에 시인이 관심을 가지고 있는 주제 중에서 가장 무게를 느낄 수 있는 것은 역시 삶과 죽음이다. 삶과 죽음은 분리할 수 없고 맞닿아있는 것이기에 시인은 삶과 죽음 중 어느 것 하나라도 소홀히 할 수가 없다. 삶이 죽음이고, 죽음이 삶이기에 비극적인 상황이나 순간에도 최선을 다해서 살아내야 한다. 그리고 그런 과정을 통해서 아픔을 위로해 주는 순간도 있음을 알게 되는 것이다.

①

옹이진 짝 뿔
내 이마 내리박으면
고향 땅 석류꽃 다시 볼 수 있을지
경기는 체급별이지만 싸움은 깡다구다
꽁무니를 빼자니 구경꾼들 웃음거리
그냥 맞서자니
저놈 뿔걸이 목 감아 밀치기
소름이 돋는다

— 「진퇴양난」 부분

②

오래 다녔던 직장
뚝 잘린 하루

〈중략〉

우두둑

뼈 내뱉는 소리 선명하다

홑창처럼 털어도

털리지 않는 축축한 것들 벽에 걸려 있다

— 「실업」 부분

③

사는 것은 아쉬움의 연속

먼 산안개 멍울을 가두고 있다

한곳에 붙박여 본 사람은 안다

누가 누구를 위로하는 것이 아니라

일상이 셀프로 자기를 위로하고 있다는 것을

— 「봄별」 부분

④

허옇게 닳은 바퀴 허기진 몸체를 바치고

사는 것은 수평과 수직의 조화

어느 한쪽으로 기울면 불안하다

디귿 자 모양 손잡이는 알고 있다

— 「청명」 부분

⑤

아득하고 아득한 먼 나라의 나팔소리
아직 한 번도 들어보지 못한 그 소리
살아 있었기에 딱 한 번 듣는다는
한 번 난 소리는 더 이상 나질 않고
그 소리를 들은 노인은 무덤으로 들어가고
그 소리를 듣지 못한 노인은 하산하고 있다

–「소리」 부분

⑥

해가 이울고
하관을 준비하는 눈길 망연하다
〈중략〉
좁고 훤한 구덕
곡소리가 차고 휑한 산 중턱
바람이 취토를 시작하자
비석이 이생의 마침표 찍고 있다

–「마침표」 부분

삶과 죽음을 인식할 때마다 시인은 그것들의 "조화"를 생각한다. "사는 것은 수평과 수직의 조화"이고 "어느 한 쪽으로 기울면 불안"하다. 어쩌다가 삶에 치우치면 "짝뿔"을 가진 "놈"에게 공격을 당해 진퇴양란의 처지에 내몰리기 일쑤이다. 때로 그것은 "실업"이라는 비극적 상황으로 나타나기도 한다. "오래 다녔던 직장"을 "뚝 잘린 하루"는 더디게 흘러가면서 "털리지 않는" "축축한" 감정의 잔재를 남겨서 괴롭고 힘이 든다. 그래서 "사는 것은 아쉬움의 연속"이고 스스로 "자기를 위로"하지 않으면 버틸 수 없는 과정이다. 그렇다고 죽음에 기대어서 살아갈 수도 없는 일이기에 시인은 사후의 영원한 세계를 인정하거나 영생을 주는 신의 존재를 믿지 않는다. 죽으면 "무덤으로 들어"가서 "비석" 하나로 "생의 마침표"를 찍을 뿐이라고 생각한다. 그러므로 삶은 얼마나 덧없고 허망하고 아쉬움이 남는 여정인가. 그러기에 지옥 같은 삶에도, 천국 같은 죽음에도 온전히 기대지 못하고 위태로운 생 위에서 균형을 잡으려고 안간힘을 쓰면서 살아가는 것이다.

지금까지 박원의 시인의 시집에서 드러나고 있는 가족과 타자, 사랑과 외로움, 삶과 죽음을 바라보는 시인의 평정심과 균형 감각이 개별 시인으로서의 존재 이외에 더 큰 사회적 자아로부터 비롯됨을 알게 되었다. 개인의 쾌락과 행복을 추구하는 것과 함께 사회 정의와 공공의 이익을 도모해야 한다는 책임감이 감정의 평정과 균형을 유지할 수 있게 하는 근원이 되고 있는 것이다. 따라서 박원의 시인은 서정적인 감각과 현실참여적인 감각이 균형적으로 발달한 시인이라고 생각된다. 하지만 그에 비해서 모더니즘적 감각이 조금 아쉬운 것이 사실이다. 시인들은 등단 후에 자신의 시적 경향을 한쪽으로 굳혀가는 경향이 있는데 그것보다는 모든 유형의 시를 쓸 수 있는 열린 자세가 필요하다.

이번 시집에서 보여주고 있는 시적 주제에 대한 시인의 균형 감각은 세계 내 존재로서 온전히 살아갈 수 있도록 지지해주는 역할을 한다. 그러나 우리가 생각하는 것처럼 균형과 조화 속에서만 삶이 유지되는 것은 아니다. 특히 시인으로서의 삶을 살고자 할 때에는 불균형이나 상실의 상태에도 관심을 기울일 수 있어야 한다. 그러한 순간에 깨닫게 되는 생각이나 발견은 최고의 작품이 될 가능성이 높기 때문에 부조화와 불균형을 두려워하지 않는 담대함을 갖기를 기대한다. 그러한 경험을 통해서 시인이 그동안 느끼지 못했던 삶의 이면을, 죽음의 너머를 통찰할 수 있는 안목과 깨달음을 얻을 수 있을 것이라고 생각한다. 박원의 첫 시집 상재를 충심으로 축하하며 이제 무한한 가능성이 열린 튼실한 그의 시적 심상에서 더 큰 시의 세계가 온전하고 다양하게 구축되기를 기대한다.